湖北省博物館
HUBEI PROVINCIAL MUSEUM

湖北省博物馆少儿绘本丛书

# 博物馆里的节日

## 龙抬头

主编　钱　红

WUHAN UNIVERSITY PRESS
武汉大学出版社

# 前　言

越来越多的小朋友走进博物馆，爱上博物馆，爱上博物馆里的文物故事。为此，我们精心打造了《博物馆里的节日》，将14个传统节日、7个公历节日，分别与湖北省博物馆里的21件文物瑰宝链接起来。我们精心设计了湖北省博物馆的文物守护精灵“北北”，还有她的好朋友“湖湖”，让他们带着大家一起穿越时光，了解每个节日的由来；体验每个传统节日的习俗，这些习俗都是中华民族在漫长的历史长河中不断凝聚的宝贵财富，值得我们传承；配上了与文物相关的成语故事、神话故事或历史故事；设置了有趣的“互动问答”，让小朋友在轻松愉快的氛围中学习科普知识。小朋友还可以邀请家长扫描书中的二维码，拓展更广阔的“悦读”空间，了解更多的传统文化，让先民留给我们的精神财富得以传承和弘扬。

钱红

2022年11月

春节
元宵节
除夕
小年
腊八节
冬至
重阳节

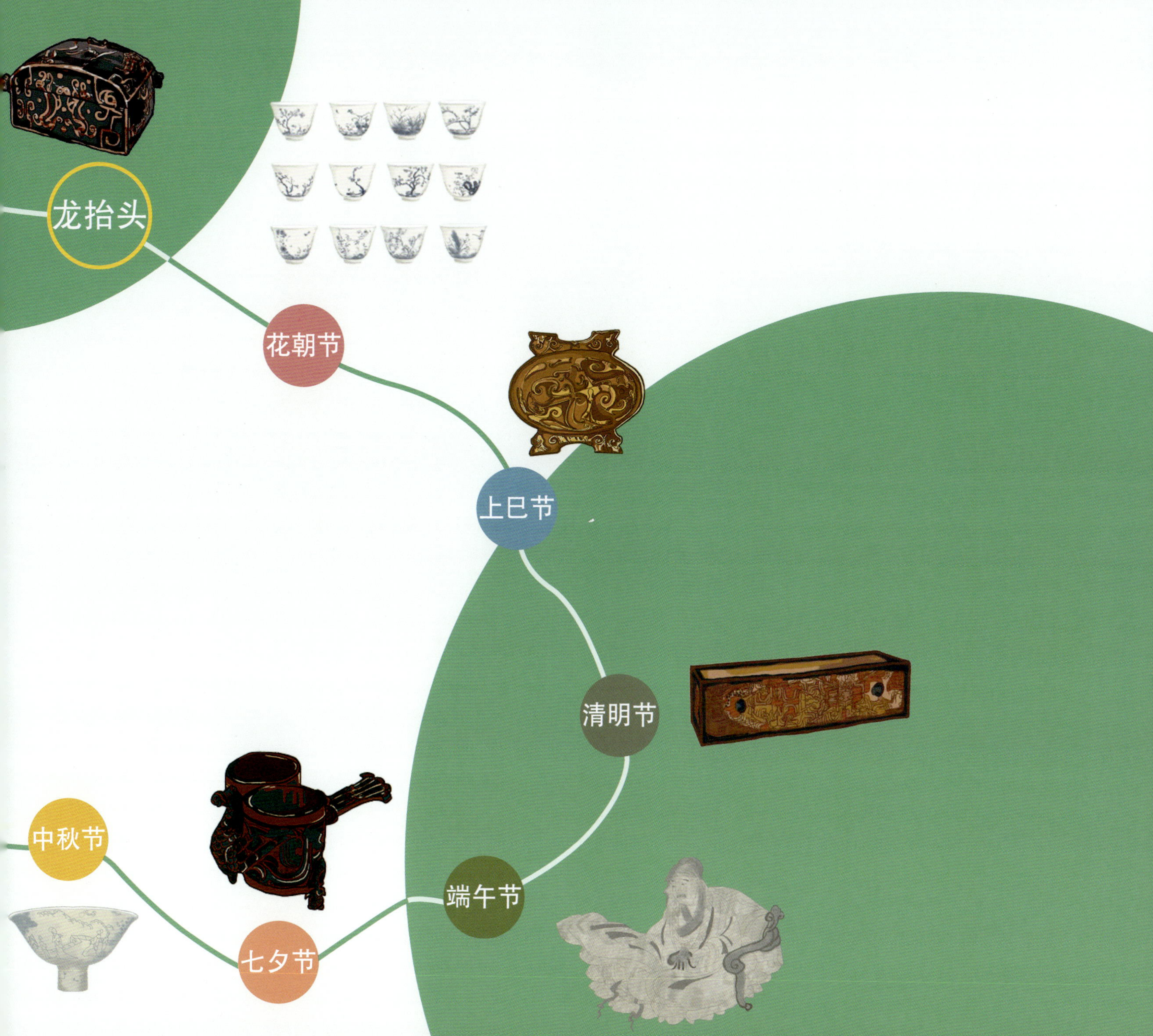
龙抬头
花朝节
上巳节
清明节
端午节
七夕节
中秋节

你好！我叫北北，是湖北省博物馆的文物守护精灵。我可以穿梭时光，带你体验不一样的博物馆节日氛围。旁边是我的好朋友——湖湖。

我们都喜欢湖北省博物馆里的文物，也喜欢听文物背后的故事！这些故事和我们传统节日也有关哦！

# 二月二日新雨晴

## ——龙抬头

小草儿都在努力地生长呢。

## 二月二日

（唐）白居易

二月二日新雨晴，草芽菜甲一时生。
轻衫细马春年少，十字津头一字行。

## 节日由来

农历二月初二是“龙抬头”，也叫青龙节、春耕节。此时，万物复苏，正是春耕的好时节。

“二月二，龙抬头”的传说起源于伏羲时期。伏羲“重农桑，务耕田”，鼓励百姓发展农业生产。后来的帝王沿袭了这一传统，在当天举行隆重的仪式，号召文武百官亲自耕种，预示一年农事活动的开始。
节日由来知识拓展

# 节日习俗

农历二月初二，人们会举行一系列与龙相关的民俗活动，表达喜迎春天、祈求平安与丰收的美好愿景。

## 剪头发

这天剪头发叫“剃龙头”，寓意新年会有好运气。

二月二，剃龙头，新年好运来！

二月的特色美食多以龙为名。

## 扶龙须

吃面条叫“扶龙须”。

## 吃龙鳞

吃春饼称为“吃龙鳞”。

## 吃龙耳

吃饺子叫“吃龙耳”。

## 吃龙子

吃米饭叫“吃龙子”。

## 吃龙眼

吃馄饨叫“吃龙眼”。

## 文物链接

### 二十八宿图衣箱

“龙抬头”与古老的天文学有关。古人根据日月星辰的位置和运行轨迹，命名了“二十八宿”，按照东、西、南、北四个方向分为四组，产生“四象”，分别是东方苍龙、西方白虎、南方朱雀、北方玄武。

东方的七星宿组成一条完整的龙形星象。冬天，苍龙七星宿隐没在地平线下，肉眼看不见。春天来临，雨水节气过后，苍龙七星宿的第一宿即龙的“角”浮出了地平线，所以称“龙抬头”。

1978 年出土于湖北随州的曾侯乙的这个衣箱，箱盖上描绘了北斗七星与二十八星宿的互动关系。

文物知识拓展

## 成语故事

**龙腾虎跃：** 古代的龙、虎都是代表吉祥美好的瑞兽，象征强大的精神力量和英雄气概。龙腾虎跃意思是像龙在飞腾、虎在跳跃，一般指运动矫健有力。比喻奋起行动，有所作为。

## 互动问答

大家是不是对龙抬头有了一些了解呢？现在来和我一起看看后面的题目吧。

1. 农历二月二日又被称为（ ）。

A. 花朝节　B. 春耕节　C. 元宵节

2. 我国传统节日龙抬头，古今习俗众多，地方各异且富有特色，但不包含下列哪个选项？（ ）

A. 理发　　B. 吃春饼　　C. 划龙舟

3. 请根据湖北省博物馆馆藏“二十八宿图衣箱”，结合天文学知识，讲讲“二月二，龙抬头”的由来。

答案

**图书在版编目(CIP)数据**

博物馆里的节日.龙抬头/钱红主编.—武汉:武汉大学出版社,2023.5
湖北省博物馆少儿绘本丛书
ISBN 978-7-307-23746-9

Ⅰ.博… Ⅱ.钱… Ⅲ.节日—风俗习惯—中国—少儿读物 Ⅳ.K892.1-49

中国国家版本馆 CIP 数据核字(2023)第 078592 号

责任编辑:李 玚　　责任校对:李孟潇　　装帧设计:何家辉 许志威

---

出版发行:**武汉大学出版社** (430072 武昌 珞珈山)
(电子邮箱:whu_publish@163.com)
印刷:武汉市金港彩印有限公司
开本:880×1230 1/16 印张:25 字数:157 千字
版次:2023 年 5 月第 1 版 2023 年 5 月第 1 次印刷
ISBN 978-7-307-23746-9 定价:298.00 元(全 15 册)

---